MÉMOIRE

A CONSULTER

ET CONSULTATION.

PARIS, DE L'IMPRIMERIE D'ADRIEN EGRON,

rue des Noyers, n° 37.

MÉMOIRE

A CONSULTER

ET CONSULTATION

Pour J. C. H. MÉHÉE,

Ancien Chef de Division aux Ministère des Relations Extérieures et de la Guerre,

CONTRE

Les Auteurs de libelles anonymes et de l'article communiqué aux journaux qui le mêlent à l'affaire de M. Caulaincour, duc de Vicence, relative à l'arrestation de Monseigneur le duc d'Enghien.

Semper ego auditor tantum !
Juv. Sat.

PARIS,

Chez L'HUILLIER, Libraire, rue des Mathurins, n°. 5.

1814.

MÉMOIRE

A CONSULTER

ET CONSULTATION

POUR M. J. C. H. MÉHÉE.

———

Lorsqu'un membre de la société, accusé d'un grand crime, paraît devant un tribunal régulier, la plupart des assistans se sentent pénétrés d'une horreur involontaire. Les esprits ne sont d'abord frappés que de l'idée du crime : les détails produits dans l'acte d'accusation ajoutent à ces dispositions funestes, et l'audition des témoins, que l'on suppose toujours désintéressés, achève d'opérer chez la multitude une prévention qui équivaut presque à la conviction. La loi veut qu'on entende l'accusé! Le public veut bien se soumettre à cette *forme* nécessaire, mais on ne l'écoute d'abord que par curiosité. Son procès, au fond, est jugé par l'auditoire, et il n'y a guère qu'un petit nombre de

bons esprits qui aient conservé du doute en sa faveur.

Cependant quel changement subit va s'opérer
l'accusé est innocent!.........

Un ou deux méchans ont altéré et empoisonné
des faits simples et naturels. Arrivés devant l'autel
de la Justice, les témoins commencent à douter
eux - mêmes de ce qui naguère leur avait paru
évident; ils disent : JE CROIS, après avoir dit : J'AI
VU. Le juge intègre les presse, et la vérité nue sort
de leur bouche : une circonstance jusqu'alors in-
connue se découvre, l'innocence est reconnue,
proclamée; et l'auditoire, métamorphosé comme
par enchantement, renverse tout pour aller em-
brasser celui que, dans sa conscience, il venait de
condamner! Des larmes d'attendrissement baignent
les joues de ces mêmes hommes qui, une heure
avant, n'éprouvaient qu'un sentiment d'horreur!

Un rayon de lumière a changé en un instant
les cœurs et les esprits de trois mille personnes
honnêtes!......

Pourquoi les victimes des calomnies politiques
éprouvent-elles si rarement ces retours de la justice
contemporaine? La position des accusés est pourtant bien différente. Ce n'est pas l'intérêt de la
société entière qui les a mis en cause, ce n'est pas
l'homme de la loi qui les poursuit, c'est presque
toujours un ennemi, quelquefois un ennemi puis-

sant. C'est au milieu des troubles publics, c'est dans le chaos de tous les genres d'intrigues et de man œuvres que la voix accusatrice s'est fait entendre! Que de raisons pour douter, que de raisons pour approfondir l'accusation!.... Eh bien! les trois quarts du temps nous n'écoutons que l'accusateur ; et cette injustice, nous la commettons avec la même sécurité que si nous n'étions pas tous exposés à l'éprouver à notre tour !

Un misantrope profond a dit :

« Il y a dans le mal qui arrive à nos amis quel-
« que chose qui ne nous déplaît pas (1). »

Un auteur plus ancien avait écrit :

« *Suave mari magno, turbantibus æquora ventis,*
« E TERRA *magnum alterius spectare laborem.* (2) »

Serions-nous réduits à ne plus regarder comme des blasphèmes ces adages d'une affligeante philosophie!

Un des grands moyens de désordre pris dans l'arsenal des révolutions, celui que la monarchie restaurée brisera peut-être le plus difficilement, c'est la *diffamation.* Par malheur, ce moyen est tellement commode, il dispense si bien de tout talent, de tout esprit, que tous les gouvernemens

(1) Max. de *La Rochefoucault.*

(2) *Lucrèce.*

qui, depuis le 10 août, se sont chargés de nous régir, l'ont employé avec une adresse et un bonheur égal.

« Quand je veux perdre quelqu'un, disait, il y
« a quelques années, un ministre de la police géné-
« rale, je dis ou fais dire que je m'en sers; que
« cela soit vrai ou non, il est perdu!..... »

Au moment même où ce ministre s'exprimait avec cette franchise, ses premiers employés appliquaient sa recette à l'homme à qui leur chef venait d'en faire la confidence (1)!

Mais, dira-t-on, un homme, dont le caractère, la moralité et les principes sont établis par une conduite sans reproche, n'est pas facile à diffamer. Hommes honnêtes! vous vous trompez! Quand le vrai caractère d'un homme aurait pu percer les nuages dont l'intrigue sait l'environner, on croit tout; et ce qu'il y a de plus affligeant et de plus

(1). Et ce qu'il y a de plus effrayant, c'est que ce qu'il plaît à ces messieurs de répandre, ils savent le prouver avec l'écriture de leur victime. Ce n'est pas ici le moment d'entrer dans ces détails; mais tel général, tel fonctionnaire éloigné qui a vu figurer dans les journaux des pièces et des rapports *de lui*, qu'il n'a jamais faits, sera bien étonné quelque jour, s'il a l'occasion de fouiller certaines archives, d'y trouver ses lettres bien écrites et de *sa main*.

humiliant pour notre espèce, c'est que ce que l'on croit de préférence, et le plus fermement, est précisément ce qui est absurde, ce qui est *impossible!*

Un homme, échappé aux geôliers qui le retenaient dans une des prisons de notre dernier tyran, passe en pays étranger, et quelque temps après reparaît dans ses foyers où il obtient qu'on le souffre par des moyens qui ne sont pas encore connus du public. A cette époque, un gouvernement usurpateur et essentiellement intrigant, s'empare et de l'homme à qui il prétend avoir fait grâce de la vie et de son nom et de sa plume; il fait répandre dans le public les bruits qui conviennent à ses vues, tire de quelques apparences ce qui s'arrange avec son roman, et flétrit sa victime d'une protection ostensible, en même temps qu'il l'assassine dans son honneur et dans sa fortune. Tout à coup le bruit court que cet homme *n'est point échappé,* comme on l'a dit, *de sa prison, mais qu'il a été envoyé chez l'étranger avec une mission secrète et peu honorable.* On répand d'autre part que, *pour rentrer dans ses foyers, il a écrit une lettre dans laquelle il sacrifie à la tyrannie ses anciens amis et ses patrons, et que c'est à cette seule considération qu'on lui a permis de revoir sa famille.*

L'homme capable de la moindre réflexion trouve d'abord dans ce conte une contradiction manifeste;

car l'homme en question n'a dû avoir besoin d'aucun effort pour rentrer chez lui, s'il revient d'une mission remplie à la satisfaction de ses commettans; ou, s'il a eu besoin d'efforts et d'adresse, il n'avait donc pas été envoyé; car la première condition d'une mission c'est que celui que l'on en charge reviendra. Il faudrait donc choisir l'une de ces deux accusations !.....

Non. On les choisit toutes deux, quoiqu'elles s'entre-détruisent. La haine et l'esprit de parti ne veulent rien abandonner, et l'on commence par croire de son ennemi deux choses, dont l'une est impossible. *Credo quia absurdum.*

Quand on en est venu là, on va vite. Il est bien évident, par exemple, que l'homme coupable d'une chose impossible, l'est à plus forte raison de tout ce qui ne l'est pas. C'est donc lui qui a découvert la conspiration de *Georges,* lui qui a conduit l'arrestation de *Pichegru,* lui qui a fait arrêter *Moreau,* (quoiqu'il doive une grande partie de ce qu'il a souffert à son refus de déposer contre ce général ce qu'il ne savait pas, et d'écrire contre lui au moment où il était dans les fers,) lui surtout près duquel on a *pris des renseignemens* pour faire arrêter des agens anglais en *pays étranger,* lui enfin qui a procuré les moyens de saisir la personne du duc d'Enghien! *Post hoc, ergo propter hoc!*

Et que l'on ne demande pas à ceux qui savent

tant de choses et les répandent, où ils ont vu les preuves de tout cela! *Il n'est pas besoin de preuves pour dire ce que l'on sait! Les preuves!..... C'est la voix publique..... tout le monde sait cela!.... D'ailleurs, M.* CAULAINCOUR *lui-même vient de mettre ou de laisser mettre dans les gazettes un ordre du ministre de la guerre, qui lui enjoint de faire une partie des choses ci-dessus, et de se concerter pour cela avec le cit.* MÉHÉE. *Cet ordre est bien* sûr, *puisqu'on l'insère dans les papiers publics, qui sont surveillés par un censeur; l'accusation est bien vraie, puisque l'impartial censeur n'a pas permis au sieur Méhée de la démentir. La pièce d'ailleurs ne peut pas être donnée postérieurement au fait; car ces choses là ne se font jamais. En outre, il existe un livre, et ce livre ne peut pas être fait par le duc de* B......., *puisqu'il porte le nom de* MÉHÉE....... *A la vérité, il sort de l'imprimerie nationale, où les auteurs ne vont guère porter leurs ouvrages; mais c'est apparemment une permission particulière qui lui aura été accordée pour donner plus de crédit à ce qu'il avance. D'ailleurs pourquoi refuserait-on de croire tout cela? Tout n'est-il pas croyable de la part d'un homme qui, étant secrétaire-greffier de la commune de Paris, a* LÉGALISÉ, *c'est-à-dire assuré la vérité de la signature de trois* administrateurs des travaux publics, qui ordonnaient de payer des ouvriers ?..... Ne vous souvenez-vous pas du bruit que nos gens ont fait trois ans après ce crime commis, lorsqu'un d'eux, inspiré par l'ange de la vérité, a assuré sur sa CONSCIENCE que le mot OUVRIER voulait dire assassin ? Ne vous souvenez-vous pas comment nous avons fait MOUSSER cela dans le temps? comment on s'est moqué du jugement qui a traité notre dire de calomnie? comment nous l'avons répété de plus belle, et inséré, comme si de rien n'était, dans le journal OFFICIEL, qui, le lendemain a été copié par tous les BRAVES JOURNALISTES (1)?.....

Consensus omnium Diurnalistorum probat rem esse.

En politique comme en mathématiques, les vérités s'enchaînent et sortent les unes des autres. Les administrateurs des travaux publics ont bien fait de signer le paiement des ouvriers qu'ils avaient mis en œuvre, puisque c'était leur devoir; mais le secrétaire qui a attesté que leur signature était vraie est un scélérat; cela ne peut pas être contesté, et,

_____

(1) Il faut pourtant en excepter le propriétaire de la *Gazette de France*, qui fit briser à minuit la planche de son journal, et supprima cette lâche horreur d'un gouvernement qui calomniait le lendemain l'homme qu'il avait exilé la veille.

en partant de-là; on peut en croire hardiment et en conscience tout ce qui a été dit ou sera dit *in posterum!* Voyez au reste sur ce sujet la Biographie moderne que M. *l'académicien* Michaud vient de replacer dans sa boutique, et écoutez surtout les raisonnemens honnêtes par lesquels il démontre *qu'en révolution ces choses-là se font contre les hommes d'un parti contraire!* Que Dieu bénisse douze ou quinze mille fois celui qui a eu l'heureuse idée de le faire nommer *censeur des journaux,* et de conserver un si brave homme à Napoléon-le-Grand, s'il parvient jamais, comme on dit, à remonter sur sa bête!

A ce fatras de stupides calomnies, étayées les unes sur les autres; à cette logique des méchans ou des sots, que peut opposer le sieur Méhée? La vérité simple et nue, voilà ce qui se présente d'abord à l'esprit des honnêtes gens. On verra bientôt si cela est aussi facile qu'on le pense.

Une première difficulté est dans la nature même du sujet.

Le sieur Méhée ne s'est pas dissimulé qu'il ne lui suffisait pas de dire la vérité. Les hommes sont faits de manière que, lorsqu'on accuse, tout est bon, tout est suffisant, tout est clair; mais il en est autrement lorsqu'on se disculpe.

D'abord, vous êtes intéressé à vous disculper: par cela même vous êtes déjà suspect. Celui au

contraire qui vous accuse est le plus honnête
homme du monde ; car, voyez comme il crie contre
le vice et les méchans. Vous vous prétendez victime des manœuvres de quelques ennemis, mais
il faut prouver qu'ils sont vos ennemis, quel intérêt ils ont à vous calomnier ; citer des circonstances et des détails que l'on puisse vérifier, contredire et contrôler. Il faut que ces détails et ces
circonstances expliquent ce qui ne peut pas se con-
cevoir autrement.

Le sieur Méhée avait pensé qu'une telle justification trouverait sa place naturelle dans des Mémoires
qu'il se propose de publier sur les événemens de la
révolution qui se sont passés sous ses yeux. Il
a paru , sur cette triste révolution , des écrits
où la vérité est singulièrement maltraitée, où les
conjectures et les présomptions des auteurs sont
trop souvent substituées aux faits, où l'esprit de
parti, libre de toute crainte de contradiction, se
pavane avec une assurance trop ridicule. Tout
porte à croire que bien des gens seraient charmés
de voir les mêmes époques décrites avec vérité et
franchise. Il n'est personne qui n'ait observé tour
à tour, dans les différens partis, des fautes et de la
mauvaise foi : comment se fait-il cependant que nos
annales soient, comme nos journaux, toujours
laudatrices imperturbables des héros qui florissaient
à l'époque où les auteurs ont écrit ? Le moment où

nous sommes arrivés est infiniment plus favorable
à l'émission des vérités utiles. Les princes qui rè-
gnent aujourd'hui sont étrangers à la plupart des
faits dont nous avons été témoins; on ne craindra
ni de leur déplaire, ni d'affaiblir leur considération
en écrivant l'histoire du temps. Ceux qui ont tout
fait ne régnant plus, on pourra louer sans bassesse
et blâmer sans danger. Le sieur MÉHÉE est, comme
beaucoup d'autres, en mesure de donner, sur quelques époques de la révolution, sur les premières
intrigues de *Buonaparte*, sur les ressorts qu'il a
fait jouer, sur le procès de *Moreau*, sur l'aventure
de *Munich*, sur la promotion du consul à l'em-
pire, des éclaircissemens de quelque intérêt. L'or-
ganisation des différentes polices de *Napoléon*,
les moyens de contrôle et de vérification par lesquels il s'assurait de la confiance qu'il devait à ses
ministres, la moralité de ses procédés de toute espèce et les résultats inévitables de toutes ses fausses
mesures; tout cela n'a jamais été examiné et n'a pas
encore pu l'être. Un homme vrai pouvait espérer
un double fruit de ce travail : d'abord d'obtenir
justice pour lui et pour les autres, et de plus d'a-
mener les hommes dont les efforts et les espérances
ont été trompés, à se consoler de ce qui leur
échappe, par la considération de ce qu'ils gagnent
et peuvent encore gagner en véritable bonheur et
en liberté *possible*.

Le sieur Méhée allait s'en occuper , lorsque
les hommes qui tremblent de voir le jour éclai-
rer les ressorts de leur infernale machine, lui
firent donner l'avis de prétendus ordres donnés
contre sa liberté , sur la demande de plusieurs per-
sonnages. On l'avertissait même qu'il ne lui servi-
rait à rien de vouloir se parer des services qu'il avait
essayé de rendre à la cause qui a prévalu ; parce
que les choses étaient arrangées de manière que les
apparences resteraient contre lui. Le sieur Méhée répondit, que les apparences étant le produit des
manœuvres qu'il prétendait dévoiler, rien du moins
ne l'empêcherait d'essayer de les faire évanouir devant la vérité.

M. le préfet de police, à qui il s'était adressé, et
qui avait d'abord approuvé son projet de publier
des mémoires justificatifs, changea d'avis lorsqu'il
connut les noms de quelques personnes qu'il fallait
mettre en scène ; et loin de lui continuer la protection qu'il lui avait promise et qu'il lui devait, lui fit
très-distinctement comprendre, qu'il ne devrait qu'à
son silence la sécurité à laquelle on lui avait d'abord
conseillé de se livrer.

Ce changement dans les dispositions et le langage
d'un magistrat dont les fonctions supposaient toute
la confiance du gouvernement, porta le désespoir
dans l'âme du sieur Méhée. Il eût voulu ne point
déplaire au gouvernement, et user cependant du

droit qu'a tout homme inculpé de se défendre, et de se justifier aux yeux de tous. Il était dans la plus triste hésitation lorsque de nouveaux événemens le décidèrent à s'adresser au pouvoir judiciaire, qui, par sa nature d'indépendance et d'impartialité, peut fixer enfin l'opinion publique, que tous les genres de manœuvres concourent à égarer. Dans cet état de choses, il présente à la méditation de son conseil les faits suivans.

FAITS.

Le 26 avril dernier, a paru dans le journal de PARIS, et le lendemain dans les autres feuilles, une collection de pièces tendantes évidemment à disculper M. *Caulaincour*, d'avoir présidé à l'arrestation du duc d'ENCHIEN, en pays *libre* ou étranger.

Parmi ces pièces figure un ordre soi-disant donné par le ministre de la guerre, ordre qui charge M. *Caulaincour* de se rendre à *Strasbourg* avec la mission expresse de faire arrêter à *Offenbourg*, c'est-à-dire en pays étranger, des agens anglais, et de prendre à cet égard des éclaircissemens près du cit. MÉNÉS, etc. etc. (*Daté du 21 ventôse an 2.*)

Le sieur Méhée n'entend point se mêler des affaires de M. *Caulaincour*, ni empêcher la justification de qui que ce soit, pourvu qu'on ne le fasse pas figurer dans les affaires qui lui sont absolument étrangères; mais le fait exprimé dans l'ordre prétendu du ministre de la guerre, ayant le double effet de le présenter comme partie active dans cet odieux événement, et de corroborer dans l'opinion publique les bruits que l'on a fait courir sur son compte à cette époque, il a le droit, et même le besoin d'y répondre.

Il commencera donc par déclarer qu'il n'a pas l'honneur de connaître, même de vue, M. Caulaincour, et que conséquemment il ne lui a jamais donné d'éclaircissemens ni dans cette affaire, ni dans aucune autre.

Il déclare ensuite que le prétendu ordre du ministre de la guerre est faux et n'a pas existé; ou, qu'au moins si cette pièce existe réellement, elle a été faite postérieurement et pour le besoin d'une justification qu'elle ne peut pas opérer. Ceci va s'éclaircir.

La pièce en question ne pourrait pas opérer la justification du général C...., car il n'est pas accusé d'avoir contribué directement à l'assassinat commis sur la personne du duc d'Enghien, mais seulement à son arrestation.

Or cette arrestation, devenue si affreuse par les suites funestes qu'elle a eues, mais isolée de ces suites, n'était au fond, en droit, et pour M. *Caulaincour*, qu'un acte illégal et absolument pareil à

ceux dont il avoue s'être chargé pour *Offenbourg.*
Dès qu'il ne nie pas avoir accepté cette dernière
mission, il ne serait pas disculpé parce qu'il aurait exécuté une arrestation de moins ; et cette
réflexion porterait à croire que la *communication*
de ces pièces envoyées aux journauxe st étrangère
à M. *Caulaincour*, qui eût été plus habile.

La maladresse est poussée bien plus loin dans la
rédaction de l'ordre prétendu du ministre.

D'abord, est-ce un général de cavalerie que l'on
eût chargé de constructions de bâtimens pour la
marine ?.......

Est-ce le ministre de la guerre qui eût donné un
pareil ordre, s'il eût été donné par un ministre?.....

Est-ce le ministre de la guerre qu'eût regardé
l'arrestation de la baronne de Reich et des autres
agens d'*Offenbourg* et de *Veissenbourg*?......

On dira peut-être que tout cela ne prouve que
des inconséquences! Oui, mais des inconséquences
telles qu'il faut en donner quelques raisons si l'on
veut que l'on y croie ; car on ne s'écarte pas
ainsi, sans de puissans motifs, de toutes les règles
d'administration.

Mais voici bien d'autres inconséquences, et d'une
autre nature. Le sieur MÉNÉE était à Paris, au su
du gouvernement, lorsque ce gouvernement or-
donnait à M. CAULAINCOUR d'aller en poste à
Strasbourg pour prendre de lui des renseignemens!

Le capitaine Rosey n'avait pas encore fait son premier rapport de sa mission près le ministre anglais à *Munich*, et ne le fit qu'en arrivant à Stras-bourg, le 25 ventôse (1) an 12. Il ne quitta M. *Spencer Smith* que le 10 germinal suivant (2); et c'est à son retour seulement qu'il put voir M. *Caulaincour*, et que l'on sut que le capitaine avait obtenu la confiance des *ministres anglais.* Or, comment ce résultat a-t-il pu être indiqué à M. *Caulaincour*, dans l'ordre qu'il cite *du 21 ventôse;* c'est-à-dire plus de vingt jours avant qu'il n'eût eu lieu?.....

Veut-on encore quelque chose de plus fort? en voici :

Le capitaine *Rosey* fut fait chef de bataillon, par suite et en récompense du succès qu'il avait ob-tenu dans sa mission, et cependant l'ordre du 21 *ventôse*, du ministre de la guerre, lui donne deux fois le titre de chef de bataillon, quoique les rapports de cet officier fassent foi (3) qu'il n'était

(1) Voyez l'*Alliance* des jacobins avec le ministère anglais, par M. le duc de B....., et non pas par le sieur Méhée.

(2) *Vid. id.*

(3) *Vid. id.* pages 251 et 256. Le sieur Rosey signe encore capitaine au 9e régiment d'infanterie de ligne, le 25 ventôse, et encore après, le 10 germinal an 12, conséquemment plus de vingt jours après l'ordre qui le traite de chef de bataillon.

alors que capitaine. Ainsi, l'ordre que l'on argue de faux, en porte lui-même la preuve matérielle, puisqu'en plusieurs occasions il établit des faits qui n'étaient pas encore arrivés !

Le sieur Méhée croit avoir ici suffisamment démontré que M. *Caulaincour* n'a pas reçu l'ordre de se concerter avec lui ; qu'ainsi les conséquences qu'on en a pu tirer dans le public, et qu'un pamphlétaire anonyme a relevées, tombent d'elles-mêmes.

Le sieur Méhée, en détruisant une pièce qui le charge sans disculper M. *Caulaincour*, n'a pas entendu, et n'entend pas encore dire que ce soit ce général qui l'ait fait insérer dans les journaux ; mais comme elle est évidemment dans l'intérêt, bien ou mal entendu, de sa défense, et qu'il ne l'a pas désavouée, il a paru naturel de le regarder comme en étant l'auteur ; et dans cette idée la lettre suivante a été adressée au journal de Paris, le jour même où les pièces attaquées y avaient paru.

Paris, ce 26 avril 1814.

Au Rédacteur.

MONSIEUR,

« Si le régime de Buonaparte est tout-à-fait abandonné, comme je le crois, les journalistes n'ad-

2

mettront plus dans leurs feuilles d'articles déni-
grans, sans admettre aussi la réponse des personnes
inculpées : cela posé, je ne doute pas que vous
n'insériez ma lettre dans un de vos plus prochains
numéros.

« Et moi aussi je gémis depuis dix ans sous le
poids d'une calomnie officiellement publiée, et
d'autant plus accablante que toutes les apparences
en sont appuyées par des faits non encore contestés,
des rapports de ministres et des livres même, que
tout annonce être de moi.

« S'il a été aussi impossible à M. Caulaincour
qu'à moi de faire connaître la vérité, il a été bien
malheureux, et il approuvera sans doute que comme
lui je travaille à mettre à nu l'intrigue dont j'ai été
victime. J'aurai sur lui un avantage précieux ; c'est
que les personnes en état de me contredire ne sont
pas mortes ; elles sont même encore très-puissantes,
agissent beaucoup en ce moment, et s'occupent
fort des moyens de me faire disparaître. Jusqu'ici
j'ai fait peu de cas de toutes les menaces directes
et indirectes, et je publierai mon mémoire, à moins
que je n'en sois empêché par des actes de force
majeure.

« Quant à ce qui me regarde dans ce que vous
venez de publier à la décharge de M. Caulaincour,
permettez-moi de déclarer :

Que jamais je n'ai eu ni la volonté ni le pouvoir

de faire arrêter des agens anglais, surtout *en pays étranger* ;

« Que jamais je n'ai donné pour cela de renseignemens à M. Caulaincour, que je n'ai pas l'honneur de connaître même de vue ;

« Qu'à l'époque dont on parle, l'une des cinq polices auxquelles j'étais livré me promenait dans les cabarets allemands avec un officier de gendarmerie, déguisé et chargé de rapporter ce que j'avais dit aux émigrés à qui l'on m'adressait, et ce qu'on m'avait répondu ;

« Que le rapport du *grand-juge* sur mon affaire n'a jamais été ni composé ni lu par ce magistrat, mais bien par M. le duc de B......; et que lorsque j'osai jeter les hauts cris contre ce rapport, M. *Reignier* me répondit : *Que voulez-vous ? Je n'ai pas même lu ce rapport : vous savez bien comment cela se pratique en administration ! Donnez-moi une lettre pour le premier consul, je la lui remettrai;*

« Que l'écrit intitulé l'***Alliance des Jacobins avec le ministre anglais*** est encore de M. le duc de B....., de concert avec l'une des cinq polices. Mon mémoire établira la part très-médiocre qu'y ont eue les notes que l'on exigeait de moi à tous momens. Le manuscrit est encore à l'imprimerie ci-devant impériale, si on n'a pas eu le crédit de le faire disparaître (1);

« Que depuis le jour où je fus arrêté à Kell, au moment où je venais non pas dévoiler, mais exécuter un projet honorable et utile, les différentes polices de Napoléon m'ont assailli, tourmenté, ruiné et diffamé par des ruses et des atrocités dont le génie de SATAN lui-même s'enrichirait s'il avait l'esprit de consulter les hommes que je pourrais lui indiquer ;

« Qu'enfin le seul tort que l'on puisse me reprocher avec vérité, c'est de n'avoir pas cru devoir sacrifier ma vie pour sauver à M. Drake un ridicule qu'il lui était facile d'éviter, comme on le saura un jour, et d'avoir fait quelques révélations que mes papiers saisis eussent données aussi bien que moi deux heures après.

(1) Pour éviter toute équivoque, je crois devoir m'expliquer ici sur ce que j'appelle être auteur d'un ouvrage. Je n'entends pas dire que M. le duc de B...... ait personnellement et de sa main rédigé et écrit l'ouvrage en question, mais qu'il en a fait le plan, indiqué les détails, ordonné la confection, et qu'ensuite il a corrigé, ajouté et retranché comme il lui a plu. On m'a bien aussi demandé, quelques jours avant l'impression, un écrit sur le même sujet et d'après le plan arrêté; mais lorsque je voulus faire remettre à M. le duc les matériaux que j'avais, *son siége était fait.*

« Quant à l'objection qui s'offre naturellement à l'esprit, savoir comment en dix ans je n'ai pas pu trouver un moyen de faire connaître ma position ; je réponds que toute surprise à cet égard doit cesser, puisque M. le *duc de Vicence*, comblé de tous les genres de faveurs et aidé par tous les moyens de l'autorité, n'est pas même parvenu à obtenir du doute sur l'action qu'on lui reprochait. Au reste, j'ai essayé, pour parvenir à faire passer la vérité en Angleterre, des choses qu'on ne croira que parce que j'en fournirai la preuve authentique. Il y a plus ; je puis d'avance citer un fait dont la preuve peut être bientôt acquise : c'est qu'il y a trois ans j'ai voulu plaider moi-même une cause que mes ennemis m'avaient suscitée, pour avoir le droit de dire ce qu'un avocat n'eût pas osé peut-être. En plein tribunal, j'ai déclaré que l'ouvrage dont j'ai parlé ci-dessus *n'était pas de moi, mais qu'il avait été composé par le gouvernement.* C'était à la chambre des vacations de Paris, devant un public nombreux. M. *Try* présidait, M^e. *Moynat* plaidait contre moi, et M^e. *Godard* était mon avoué.

« J'ai l'honneur, etc.

MÉHÉE DE LA TOUCHE. »

Le rédacteur à qui l'on présenta cette lettre est convenu qu'elle était décente et devait être admise.

puisque l'on avait admis des pièces qui l'avaient provoquée. Seulement il parut craindre que le censeur ne s'opposât à cet acte de justice, et cette crainte n'était que trop fondée. Le censeur que l'on a donné aux journaux est un homme de parti et de mauvaise foi, sur la générosité duquel il serait absurde de compter. Il est lui-même auteur, et fait commerce de calomnies contre tout ce qui a paru sous la bannière républicaine ; il se trouve condamné par lui-même à passer pour un calomniateur déhonté, ou à empêcher les hommes qu'il a essayé de flétrir, de jamais se justifier.

La défense du sieur Méhée ne fut point insérée !

Il lui restait le recours à une autorité supérieure à celle du sieur *Michaud* ; il écrivit au préfet de police, M. le baron Pasquier, la lettre suivante :

Paris, ce 28 avril.

Monsieur le Baron,

« Je crois vous avoir laissé persuadé de la vive satisfaction avec laquelle j'avais vu la chute du gouvernement démophage dont nous sommes débarrassés (1). Je vous ai aussi, j'espère, convaincu de

(1) Le sieur Méhée avait eu précédemment une entrevue obligée avec M. le préfet de police. Ce magistrat avait reçu contre le sieur Méhée des impressions que celui-ci se flattait d'avoir effacées.

ma soumission à celui qui peut nous sauver. Je ne crains pas qu'il vous arrive jamais contre moi de notions vraies qui vous autorisent à penser le contraire; mais je crois aussi qu'en échange de leur soumission, les citoyens ont droit à la protection du gouvernement et de ses organes. J'étais horriblement calomnié et proscrit sous *Buonaparte*, le serai-je encore aujourd'hui, qu'on ne peut plus l'accuser de commander la proscription et la calomnie?

« M. *Caulaincour* a fait insérer dans les journaux des pièces dont il espère sa justification sur l'arrestation du duc d'ENGHIEN. Quelles que soient mon opinion et même mes notions à cet égard, je ne me mêle pas de ce qui regarde M. *Caulaincour*; mais on a imprimé parmi ces pièces un ordre du ministre de la guerre qui lui enjoint de se concerter avec moi pour l'arrestation d'agens anglais à *Offenbourg*; ceci renouvelle et corrobore les vieilles calomnies que je dois travailler à détruire. J'ai dû répondre aux journaux qui m'ont accusé; les rédacteurs ont trouvé ma demande de la plus stricte justice, et consentent à insérer ma réponse; mais ils ont craint d'être arrêtés par le *censeur*.

« Le *censeur* donné aux journaux est le même homme qui, dans un ouvrage dont il est au moins l'éditeur, a publié, il y a six ou sept ans, autant de calomnies que de mots contre les hommes qui ont défendu d'autres opinions que les siennes. Je n'ai

pu compter sur son assentiment qu'autant que son
devoir et son honnêteté seraient plus forts que ses
préventions. Il paraît que celles-ci ont prévalu : je
suis donc réduit, M. le préfet, à vous interrompre
de nouveau pour obtenir justice.

« Le droit de repousser des calomnies serait-il
rangé dans les restrictions apportées à la liberté indéfinie de la presse ? Ce serait dire oui, que de me
refuser ce que je demande. Il dépend de vous, monsieur, de forcer le censeur à admettre la réponse,
puisqu'il a admis l'inculpation. L'honneur des citoyens n'est plus ou ne doit plus être à la dispo-
sition des hommes puissans. Le retard que j'ai
éprouvé est déjà une injustice criante : je suis averti
que demain ou après je serai encore déchiré dans
un pamphlet qui va paraître. Tant qu'on ne m'empêchera pas de confondre les gens qui m'assassinent
dans mon honneur, j'attendrai tranquillement les
attaques ; mais si vous me liez les mains pendant
que l'on me poignarde, je ne puis plus voir dans
cet état de choses le gouvernement réparateur que
je dois bénir.

« Je suis persuadé, M. le baron, que vous êtes
incapable de favoriser l'injustice. Si donc la protection que je réclame, et que vous me devez,
ne me sauve pas du désespoir, je conclurai qu'une
puissance supérieure vous lie les mains ; et, comme
je ne connais pas de puissance qui ait le droit de

m'avilir, je frapperai si fort à toutes les portes ;
qu'il sera, du moins, bien constaté que ce n'est pas
par ma faute que la calomnie aura triomphé.

« Les personnes à qui j'ai lu ma défense à insérer dans les journaux, la trouvent décente et
convenable. J'ai l'honneur de vous en adresser une
copie, en vous priant, au nom de la justice, de
lui faire donner la publicité que les journaux ont
donnée à l'attaque, ou de me permettre de la faire
afficher.

« Je sais aussi-bien qu'un autre combien il me
serait facile de faire imprimer et circuler ma défense et la plainte que je vous adresse ; mais je me
suis toujours interdit tout ce qui n'est pas nécessaire sous un gouvernement juste. »

« J'ai, etc. »

Le sieur MÉHÉE avait désiré remettre lui-même
sa lettre à l'huissier de la préfecture. Cet officier
lui dit qu'il ne tiendrait qu'à lui d'en avoir sur-le-
champ la réponse, M. le préfet étant seul en ce
moment. Il fut en effet annoncé et admis.

M. PASQUIER, qui avait accueilli avec honnêteté
le sieur MÉHÉE dans une précédente entrevue,
parut, en lisant sa lettre, s'animer d'une colère
subite. Peut-être avait-on eu tort de parler de gouvernement, *démophage*, en s'adressant à un
homme qui avait eu toute la confiance de ce gou-

vernement :.... — Je ne suis pas du tout d'avis, dit-il avec beaucoup d'humeur, de l'insertion de cet article. Les pièces dont vous parlez sont une affaire politique qui regarde M. CAULAINCOUR, et il ne vous convient pas de vous en mêler. — Je vous prie, monsieur le préfet, répondit le sieur MÉHÉE, de daigner observer que ce n'est pas moi qui me mêle des affaires de M. CAULAINCOUR, mais que l'on m'y mêle d'une manière qui me compromet. — Je vous répète que je vous conseille de vous taire : quand on est aussi mal que vous dans l'opinion publique, ce que l'on a de mieux à faire est de se taire. — Le sieur MÉHÉE osa répliquer qu'il ne pouvait être mal dans l'opinion publique, que parce qu'on l'avait forcé à se taire, et que la recette de M. le préfet augmenterait le mal au lieu de le guérir. On ne répondit qu'en répétant l'avis de rester tranquille.

Ainsi, monsieur le préfet, dit en sortant le sieur MÉHÉE, vous me défendez de répondre lorsque je serai insulté et calomnié ? — Je vous CONSEILLE de rester tranquille.

Ce mot *conseille* fut articulé du ton le plus propre à lui donner toute l'étendue qu'il doit avoir dans la bouche de l'autorité ; et le sieur MÉHÉE comprit très-bien. . . . .

. . . .

Cependant, ce qui avait été annoncé arriva. Un

écrit anonyme, qui n'offre pas même le nom de l'imprimeur ni du libraire qui le débite, parut contre M. *Caulaincour*, et le sieur MÉHÉE s'y trouva traité comme on le lui avait annoncé. L'auteur ne révoque pas même en doute la réalité de l'ordre attribué au ministre de la guerre; ordre qui lui offre deux hommes à injurier au lieu d'un. Il conclut de cet ordre, comme cela serait assez naturel s'il existait, que le sieur MÉHÉE a été en effet consulté par M. *Caulaincour* qu'il n'a pourtant jamais vu, et conséquemment qu'il a eu une part active aux opérations que ce général a exécutées à *Strasbourg*. Ce nouveau fait est maintenant reçu dans le monde; quoiqu'il ne soit pas plus vrai que beaucoup d'autres dont il sera fait justice avec le temps. Le *censeur* des journaux et le système de silence de M. le baron *Pasquier* ont causé cette nouvelle erreur du public; et si demain il plaît à quelqu'un d'insérer quelque nouvelle calomnie dans les journaux, le sieur MÉHÉE rencontrera les mêmes obstacles à sa défense. L'impartial censeur admettra l'injure et empêchera la réponse!.....

Et l'on dira au sieur MÉHÉE, qu'étant encore plus mal qu'il y a un mois dans l'opinion publique, il lui convient encore davantage de se taire!....

Et à la première édition que M. le censeur Michaud fera faire à *Leipsik* ou à *Berlin* de sa Bio-

graphie moderne , il ajoutera ce nouveau trait à
ceux dont il a déjà barbouillé le sieur Méhée!....

Et l'on dira : l'homme qui a donné des renseignemens à M. *Caulaincour,* lors de son expédi-
tion d'Offenbourg, etc. etc., est le même qui a
écrit la lettre par laquelle ce nouveau Brutus
*offrait son poignard à sa section pour frapper le
premier roi qui se présenterait en France!.......*
le même, etc. etc... *Voyez l'ouvrage du censeur*
Michaud! Les nouvelles calomnies se trouveront
prouvées par les anciennes!....

Et voilà cependant comme on écrit l'histoire!
On a dit autrefois, en faveur de la liberté de la
presse, que c'était *la lance d'Achille,* qui gué-
rissait elle-même les blessures qu'elle avait faites.
Mais le sieur Méhée gémit maintenant sous la tyrannie de la presse au lieu de respirer à l'abri de
cette heureuse liberté, qui ne devrait être arrêtée
que là où les abus commencent, tandis que les cen-
seurs comme M. *Michaud* n'en tolèrent que les
abus. Dans cet état de choses, le sieur Méhée ne
voit de refuge que dans la protection que lui doivent les tribunaux ; encore cette ressource pénible
et coûteuse ne laisse-t-elle pas de présenter quelques
difficultés !

L'article inséré dans les journaux, quoique rédigé dans l'intérêt du général *Caulaincour,* n'est

pas signé de lui. Si le sieur MÉHÉE s'en prend à lui, le simple désaveu du général suffira pour faire repousser sa demande.

S'il s'adresse au propriétaire du journal, celui-ci ne pourra-t-il pas dire, avec quelque apparence de raison, qu'il n'est pour rien dans la rédaction?

S'il s'adresse aux rédacteurs : outre que ces messieurs ont accueilli la réclamation si juste du sieur MÉHÉE, et l'auraient certainement insérée s'ils en eussent été les maîtres, ne pourront-ils pas objecter qu'ils ne peuvent pas être à la fois responsables et soumis à un censeur qui ajoute et retranche suivant son caprice ?

Si au censeur : il ne relève que de sa *conscience* (dont il se moque), et du ministère. L'exercice de sa charge ne lui impose qu'une responsabilité morale; il n'a de compte à rendre qu'à l'autorité qui l'a nommé!

Quant à l'auteur du pamphlet, il ne donne ni son nom, ni celui de l'imprimeur, ni celui du libraire, ou des libraires qui débitent son écrit : il doit être difficile à atteindre sans une enquête très-désagréable, et peut-être impraticable. Il paraît naturel de considérer cet écrit comme l'acte d'un sicaire qui fuirait après avoir lancé la nuit son stylet dans la poitrine d'un passant, bien sûr de ne pouvoir être atteint. Il n'a pas d'ailleurs avancé une calomnie nouvelle, et se borne à commenter celle des autres. Il s'en tient à des injures; et qu'est-ce que des injures anonymes? On voit enfin que ce digne écrivain établit le jugement qu'il porte du sieur Méhée sur les notions qu'il puise dans l'article *communiqué*, inséré dans les journaux et dans la Notice biographique, publiée d'abord par l'académicien-censeur-imprimeur-libraire MICHAUD, réimprimée ensuite sous la rubrique de *Leipsik*, et que ledit sieur Michaud vient de réannoncer depuis qu'il est promu à de nouvelles dignités.

Pour se résumer, le sieur MÉHÉE demande à son conseil :

QUESTIONS.

1°. Existe-t-il dans la législation française quelque loi ou considération d'ordre public qui s'oppose à ce qu'un homme calomnié par des écrits *imprimés*, puisse user de la presse pour repousser la calomnie?

2°. Celui qui n'use de la presse que pour se défendre d'une inculpation grave, peut-il jamais être considéré comme troublant l'ordre public?

3°. Existe-t-il une autorité qui ait le droit d'imposer silence à un homme calomnié, sous prétexte d'intérêts politiques étrangers à l'homme qu'on calomnie?

4°. A qui des propriétaires de journaux, de l'imprimeur, du rédacteur ou du censeur, le sieur MÉ-

HÉE a-t-il droit de s'en prendre de la calomnie insérée dans les feuilles publiques ?

5°. M. *Michaud*, libraire, doit-il ou ne doit-il
pas répondre en son nom à des faits contenus dans un
ouvrage qu'il a imprimé jadis chez lui ; qu'il a fait re-
paraître ensuite sous la rubrique de Leipsik, et qu'il
vient d'annoncer nouvellement comme se vendant
chez lui ? Si l'honnêteté, la décence et l'obéissance
qu'il doit au *Roi*, qui vient de le nommer son libraire, lui défendaient de signaler (le lendemain de
sa nomination) à la mémoire des gens aigris, les
faits que Sa Majesté invite à oublier ; n'est-il pas
coupable à plus forte raison des calomnies qu'il a
ramassées dans les égouts de la révolution, et dont
il fait un commerce aussi odieux qu'humiliant ?

6°. A qui, et comment faut-il demander justice ?

~~~~~~

CONSULTATION.

———

LE CONSEIL SOUSSIGNÉ , qui a pris connaissance
du Mémoire ci-dessus , des faits qui y sont re-
latés , et des questions qui le terminent, EST
D'AVIS, dans le fond ,

Que l'offre faite par le sieur *Méhée* , de prouver qu'il était à Paris , où sa présence ne pouvait
pas être ignorée du gouvernement , au moment où
l'ordre du ministre de la guerre enjoignait à
M. *Caulaincour* de prendre de lui des renseignemens à Strasbourg , élève les plus fortes présomptions contre la réalité de cet ordre ;

Que , d'un autre côté , la qualité que l'on donne
dans le même ordre au sieur *Rosey* , de chef de
bataillon , à une époque où il n'était encore que
capitaine , démontre invinciblement que l'ordre
prétendu est d'une date postérieure à celle qu'on
lui suppose ; et , par suite , qu'il n'est que l'ouvrage de la complaisance pour M. Caulaincour ,
et que c'est par oubli de toute vérité et de toute con-
venance que l'on y fait figurer le sieur MÉHÉE ;

Enfin , que l'existence du manuscrit de l'ouvrage intitulé : *Alliance des Jacobins*, déposé, suivant le consultant, à l'Imprimerie Royale, où l'on peut vérifier par qui il a été écrit et déposé, complète, de la manière la plus satisfaisante, le système justificatif du sieur MÉHÉE, et renvoie à son véritable auteur, *le gouvernement de Buonaparte*, toutes les inductions odieuses que l'on a tirées, dans le temps, de cet ouvrage, pour frapper le consultant dans son existence morale et politique, et l'accabler de calomnies dont on lui interdisait en même temps la consolation de pouvoir se plaindre.

Quant aux questions proposées,

Sur la première, LE CONSEIL EST D'AVIS :

Que, non-seulement aucune loi, aucune considération ne s'oppose à ce qu'un homme, calomnié par des écrits imprimés, puisse user de la presse pour repousser la calomnie ; mais que les lois fondamentales, qui jusqu'ici ont consacré la liberté indéfinie de la presse ; que ces lois, à la conservation desquelles veillait une commission spéciale du Sénat, quoique indignement violées pendant le dernier règne, n'en existent pas moins dans toute leur vigueur ; qu'elles viennent même d'être consacrées de nouveau par les deux dernières déclarations de sa Majesté, en date des 1er janvier et 2 mai de cette année ; et que, si elles doivent recevoir leur exécution en toute sorte de matières, cette exécution devient indispensable et sacrée, lorsqu'elle a pour objet de poursuivre la diffamation, et de détruire la calomnie.

La réponse à la première question est en même temps celle à la seconde. La calomnie ne pouvant avoir d'autre effet que de renverser l'ordre public, la combattre, c'est rétablir cet ordre, et non le troubler. Soutenir le contraire, ce serait prétendre que la victime qui se défend contre un assassin, peut, dans aucun cas, porter atteinte à la tranquillité générale.

La troisième question rentre encore dans les deux précédentes. Les magistrats n'étant que les exécuteurs des lois, et les lois autorisant la liberté de la presse, et surtout la défense personnelle, l'autorité qui voudrait interdire l'une ou l'autre, et à plus forte raison les interdire toutes les deux, serait en révolte contre la législation, et donnerait droit à la partie lésée de s'adresser, pour la réparation de ce tort, à l'autorité suprême.

Sur la quatrième question, le conseil estime que c'est au propriétaire du journal qu'une partie offensée doit demander justice, surtout quand l'auteur de l'injure ne se fait pas connaître et n'a pas signé. Les rédacteurs sont les gagistes du propriétaire : ce dernier doit répondre des faits de ceux qu'il emploie.

Sur la cinquième question : c'est un principe constant que tout libraire qui met en vente un ouvrage sans nom d'auteur, en devient responsable auprès des personnes qui s'y trouvent offensées ! Celles-ci ont le droit de demander compte des calomnies qu'il débite, et le libraire ne peut se soustraire à cette action qu'en désignant l'auteur et en le livrant à sa place à la poursuite des tribunaux. Le consultant ayant été diffamé dans la *Biographie moderne*, a le droit incontestable de s'en prendre au libraire qui vient de faire annoncer de nouveau cet ouvrage comme se vendant chez lui.

Sur la sixième question, le conseil estime que les lois criminelles, ne donnant aucune action contre la calomnie écrite ou imprimée, l'action contre M. Michaud ou autres, doit être portée devant les tribunaux civils, seuls compétens pour prononcer sur tout ce qui concerne la propriété des citoyens. Or, quelle propriété plus précieuse que l'honneur ? Et qui, sous ce rapport, a à faire valoir des réclamations plus justes, plus étendues que le consultant ?

Délibéré à Paris, ce

Paris, ce 4 juin.

L'avocat rédacteur de la présente consultation allait la signer, lorsque l'allégresse publique nous annonça que le Roi venait d'apporter au Corps-

Législatif une constitution nouvelle. Le nouveau Code consacrait, nous dit-on, tous les principes dont l'absence avait amené la révolution, et dont le mépris avait hâté la chute de la race *Napoléonine.*

« De ce moment, me dit mon conseil, ma signa-
« ture vous devient inutile. S. M., en reconnaissant
« la liberté de la presse, lève de sa main puissante
« tous les obstacles que l'intrigue opposait à votre
« défense. La tournure que vous avez prise pour la
« faire passer était hier honnête et légitime; aujour-
« d'hui ce serait une insulte à la constitution dont le
« règne vient de commencer, et l'indice d'une dé-
« fiance coupable des intentions garanties par la pa-
« role du monarque. La police de Buonaparte a fait
« place à une administration qui, comme la Provi-
« dence, ne sera aperçue que par ses bienfaits. Ex-
« pliquez-vous franchement sur le compte de vos
« adversaires, et signez. Quant aux journaux dont
« l'administration et la police ne me sont pas con-
« nues, c'est au prince lui-même qu'il faut vous
« adresser pour obtenir qu'ils soient rappelés à l'im-
« partialité sans laquelle le privilége dont on les
« fait jouir serait une injustice criante. En indiquant
« le mal, vous aurez appelé le remède et opposé à
« l'abus la seule résistance qui vous convienne. »

J'ai cru mon avocat, et j'ai signé

MÉHÉE.

PLACET

PRÉSENTÉ AU ROI

LE 7 JUIN 1814.

SIRE,

Si j'avais commis un délit dont j'eusse à demander grâce à Votre Majesté, j'ai la confiance que je l'obtiendrais d'un prince que précèdent partout l'indulgence et la bonté. Serais-je moins heureux, parce que je ne demande que justice! Oui, SIRE, c'est justice que je demande. Les principes que Votre Majesté a hautement manifestés ne Lui permettront pas d'examiner si celui qui s'adresse au prince, avec la confiance qu'il lui doit, a été républicain ou royaliste. Il lui suffira que sa demande soit juste; Celle que j'ose Vous adresser, SIRE, l'est au point que je regarderais comme un délit punissable, de mettre en question si elle me sera accordée. Il s'agit de prononcer si les journaux continueront à user, comme sous *Buonaparte*, du privilége de répandre contre les citoyens sans défense des diffamations commandées par l'intrigue ou la haine, et si, après les avoir diffamés avec impudence, on pourra allé-guer la réputation qu'on leur a faite pour se dispen-ser d'admettre les réponses qu'ils croiront devoir faire aux nouvelles calomnies. On m'a déjà répondu OUI; mais alors, SIRE, Votre Majesté n'était pas à Paris. Aujourd'hui que votre présence doit com-mander la justice et le silence des viles passions, je demande qu'il me soit permis de répandre du jour sur des faits que l'ignorance ou la méchanceté ont dénaturés; de réduire à leur valeur tout ce qu'on a publié contre moi depuis dix-huit ans. Je demande surtout qu'il plaise à Votre Majesté donner l'ordre que les journaux qui ont inséré des notes qui m'in-culpent, à la décharge de M. *Caulaincour*, soient tenus d'insérer la réponse que je leur ai adressée.

Il pourra paraître étonnant à Votre Majesté qu'une chose aussi simple ait besoin de l'intervention du Monarque : ce n'est pas à moi, SIRE, à expliquer ce phénomène. V. M. ne croira pas que je L'eusse osé importuner de mes réclamations, s'il y eût eu un moyen plus sûr d'obtenir justice, et si la demande de cette justice n'avait pas pour objet la propriété la plus précieuse des citoyens, l'honneur.

En offrant à tous les Français l'oubli de tous les torts, Votre Majesté n'a pas pu vouloir que ce qui n'a pas existé fût considéré comme oublié, et il est tel citoyen qui, tout en bénissant l'indulgence qui veut bien regarder comme non-avenus les actes que l'effervescence des temps a pu jusqu'à un certain point expliquer, ne demande ni oubli ni grâce pour les délits dont l'esprit de parti seul à voulu le charger. Votre Majesté, apprendra un jour avec plaisir combien les torts des républicains ont été exagérés par le zèle et l'ardeur même de ceux qui ont cru par là hâter le retour de la monarchie. Le prince, dont le premier acte diplomatique a consacré l'abolition de la traite des Noirs, ne peut pas être étranger aux sentimens qu'inspire à toute âme fière l'amour de la liberté. Vous ne confondrez pas, SIRE, les écarts où cet amour pu porter, avec les crimes dont on a accusé à tort et à travers les hommes qui ont presque toujours été victimes de leur désir de les arrêter. Si celui que le règne de la tyrannie a présenté à la France entière sous les couleurs les plus fausses, n'était coupable d'aucun des faits dont la malveillance l'a chargé; si au contraire il n'avait usé des premiers instans où il a eu quelque crédit que pour sauver des dangers qu'ils couraient, les hommes qu'il avait combattus; si, RÉPUBLICAIN, il avait exposé vingt fois sa vie pour sauver celle du Roi, votre prédécesseur; s'il avait fait échapper à des périls imminens, en compromettant mille fois son existence, des ministres de ce prince, des généraux, des évêques, des parlementaires et des femmes de

tous rangs et qu'il n'avait jamais vus, sans autre intérêt que celui de la justice et de l'honnêteté : il serait sans doute horrible que sa récompense fût une
diffamation qui ne peut être prolongée que pour
servir les intérêts de deux ou trois hommes dont le
règne de la vérité peut faire évanouir l'importance
éphémère et usurpée (1).

La tyrannie seule a besoin que les hommes qui
ont refusé de la servir restent diffamés. Si celui qui
invoque aujourd'hui la protection de Votre Majesté
n'a rien à dire en sa faveur, la vérité n'aura pas
perdu ses droits, parce qu'on l'aura entendu; et la
justice au moins aura été satisfaite.

Daignez, SIRE, ▬▬recevoir avec bonté l'hom-
mage du respectueux et inviolable dévouement de
celui qui est et sera toute sa vie,

SIRE,

DE VOTRE MAJESTÉ,

Le très-humble, très-
obéissant et très-fidèle
Serviteur et Sujet,
MÉHÉE.

(1) Aucune de ces personnes n'ayant été conservée dans
les choix faits par S. M., le sieur Méhée aura le bonheur
de n'avoir pour adversaires que de simples particuliers. Et
quels particuliers !

www.ingramcontent.com/pod-product-compliance
Lightning Source LLC
Chambersburg PA
CBHW071417200326
41520CB00014B/3488